사랑, 거짓말

사랑, 거짓말

초판 1쇄 발행 2013년 11월 25일
초판 3쇄 발행 2017년 12월 19일

지은이 나태주

펴낸이 김선기
펴낸곳 (주)푸른길
출판등록 1996년 4월 12일 제16-1292호
주소 (08377) 서울시 구로구 디지털로 33길 48 대륭포스트타워 7차 1008호
전화 02-523-2907, 6942-9570~2
팩스 02-523-2951
이메일 purungilbook@naver.com
홈페이지 www.purungil.co.kr

ISBN 978-89-6291-241-8 03810

ⓒ 나태주, 2013

- 이 책은 (주)푸른길과 저작권자와의 계약에 따라 보호받는 저작물이므로 본사의 서면 허락 없이는 어떠한 형태나 수단으로도 이 책의 내용을 이용하지 못합니다.
- 이 도서의 국립중앙도서관 출판시도서목록(CIP)은 서지정보유통지원시스템 홈페이지(http://seoji.nl.go.kr)와 국가자료공동목록시스템(http://www.nl.go.kr/kolisnet)에서 이용하실 수 있습니다.(CIP제어번호: CIP2013023340)

나의 사랑은 가짜였다

나태주 사랑 시집

사랑, 거짓말

푸른길

나의 사랑은

가짜였다

책머리에

 누군가로부터 사랑받고 있다는 것을 아는 것보다 더 가슴 따뜻하고 감사한 일은 없다. 자기가 누군가를 사랑하고 있다는 것을 아는 것보다 더 행복하고 가슴 벅찬 일은 없다.

 사랑 앞에서 인간은 한없이 작아지고 누추해지지만 턱없이 높아지고 그윽해지고 깊어지고 향기로워지기도 한다. 사랑이여, 생명의 매직이여, 살아 있는 자의 특권이여, 마음속에 피어서 지지 않는 불꽃이여.

차례

책머리에   5

1부 ___ 앵초꽃 같은

장식	16
별짓	17
사랑에 답함	18
왼손	19
손님처럼	21
다만 그뿐이야	22
꽃·3	23
꽃·2	24
황홀극치	25
너는 바보다	27
그 말	28
별	29
날마다 기도	30
혼자 있는 날	31
떠난 자리	32
살아갈 이유	33
너도 그러냐	34
하나님께	36
비밀일기	37
지상천국	38

하나님만 아시는 일   *39*
말은 그렇게 한다   *40*
웃기만 한다   *41*
화살기도   *42*
바로 말해요   *43*

2부 ― 모란꽃 같은

전화선을 타고   *46*
선물 • 3   *47*
가슴이 꽉 막힐 때   *48*
산수유꽃 진 자리   *49*
그리운 산청   *50*
오늘도 그대는 멀리 있다   *51*
공항   *52*
오늘의 약속   *53*
선물 • 2   *55*
꽃씨   *57*
오늘은 이렇게 사랑을 잃었다 하자   *59*
가슴에 남아 보석입니다   *60*
떠나는 사람에게   *61*
사무쳐요   *62*
다시없는 부탁   *63*
끝내 하지 못한 말   *64*

3부 ___ 연꽃과 같은

그런 사람으로	66
나의 사랑은 가짜였다	67
멀리서 빈다	68
선물 • 1	69
기쁨	70
시	71
11월	72
사랑	73
뒷모습	74
꽃 피우는 나무	76
점	78
눈 오는 날 이 조그만 찻집	79
일락산 푸른 푸른 소나무	80
선생님 저 왔다가 그냥 갑니다	82
내 책상 위에	83
내가 사랑하는 사람은	85
바람에게 묻는다	86

4부 ─ 제비꽃 같은

오랜 사랑	88
제비꽃	89
추억이 말하게 하라	90
너를 알고 난 다음부터 나는	92
네 손을 만지기보다는	94
너로 하여 세상이	95
남몰래 혼자 부르고 싶은 이름을	96
너의 총명함을 사랑한다	98
외롭다고 생각할 때일수록	99
떠나야 할 때를 안다는 것은	100
제가 사랑하는 자는	102
유난히 키가 큰 비가 내렸다	103
보고 싶다	105
가보지 못한 골목들을	106
참말로의 사랑은	108

5부 — 구절초 같은

그리움 *110*
아무르 *111*
때로 사랑은 *112*
사랑은 혼자서 *113*
소중한 만남을 위하여 *114*
사랑하는 마음 내게 있어도 *116*
들길을 걸으며 *118*
지는 해 좋다 *120*
주제넘게도 *122*
껍질 *123*
세상에 나와 나는 *125*
비단강 *127*
별후 *128*
내장산 단풍 *129*
구름 *130*
잡목림 사이 *131*
숲 *133*
숲 속에 그 나무 아래 *134*
겨울 흰구름 • 1 *136*
겨울 흰구름 • 2 *138*
겨울 흰구름 • 3 *140*
봄날에 *141*

6부 ___ 나팔꽃 같은

하오 144
유월은 146
약속 148
내가 꿈꾸는 여자 149
우물터에서 151
아침 152
달밤 154
죽림리 156
초저녁의 시 157
입추 158
꽃 • 1 160
칡꽃 162
상강 164
빈손의 노래 166
5월에 170
배회 174

7부 __ 과꽃과 같은

다시 산에 와서 *178*
대숲 아래서 *180*
헤진 사람아 *182*
겨울 달무리 *184*
초승달 *185*
봄바다 *187*
가을 서한 · 1 *189*
가을 서한 · 2 *191*
진눈깨비 *193*
들국화 · 1 *195*
들국화 · 2 *197*
진종일 *198*
겨울 연가 *199*
언덕에서 *201*

나의 사랑은

가짜였다

누군가로부터 사랑받고 있다는 것을 아는 것보다 더 가슴 따뜻하고 감사한 일은 없다.

자기가 누군가를 사랑하고 있다는 것을 아는 것보다 더 행복하고 가슴 벅찬 일은 없다.

1부

앵초꽃 같은

장식

애당초
못 생겨서 좋아했다
뭉뚱한 키 조그만 몸집
찌뿌둥한 얼굴

귀여워서 사랑했다
맑은 이마 부드러운 볼
치렁한 머리칼

언제든 네 조그만 귀에는
새로운 귀걸이를
달아주고 싶었다

언제든 네 머리칼에는
어여쁜 머리핀을
꽂아주고 싶었다.

별짓

어제 사서 감추어가지고 온 귀걸이를 아침에 내밀었다
아이 뭘
쫑알대며 받아서 걸어보는 너의 귀가 조그만 나비처럼 예뻤다

점심때 함께 식사하고 나오며 네 신발을 가지런히 돌려주었다
아이 뭘
신을 신는 너의 두 발이 꼭 포유동물의 눈 못 뜬 새끼들처럼 귀여웠다

오후에 가게에서 소프트아이스크림을 사들고 뛰어와 너에게 주었다
아이 뭘
아이스크림을 베어 무는 너의 입술이 하늘붕어처럼 사랑스러웠다

아이 뭘……
내가 별짓을 다한다.

사랑에 답함

예쁘지 않은 것을 예쁘게
보아주는 것이 사랑이다

좋지 않은 것을 좋게
생각해주는 것이 사랑이다

싫은 것도 잘 참아주면서
처음만 그런 것이 아니라

나중까지 아주 나중까지
그렇게 하는 것이 사랑이다.

왼손

너는 오른손잡이
오른손으로 글씨를 쓰고
가위질을 하고 과일도 깎는다
머리를 빗기도 하고 좋은 사람과
악수도 나눈다

그러나 나는 너의 왼손을 사랑한다
우리 악수 좀 하자
우리의 악수는 오른손과 왼손으로 하는 악수
나의 오른손으로 너의 왼손을 잡아본다

내 오른손 안에 쥐어지는 보드랍고
조그맣고 따스한 너의 왼손은 차라리
조그만 산새 파들거리는 물고기
산들바람 한줌

금방이라도 도망가려는 듯
파들거린다 몸을 뒤챈다
녀석아 조금만 더 가만히 있으렴!
우리들에겐 시간이 그렇게 많은 게 아니란다.

손님처럼

봄은 서럽지도 않게 왔다가
서럽지도 않게 간다

잔칫집에 왔다가
밥 한 그릇 얻어먹고
슬그머니 사라지는 손님처럼
떠나는 봄

봄을 아는 사람만 서럽게
봄을 맞이하고
또 서럽게 봄을 떠나 보낸다

너와 나의 사랑도
그렇지 아니하랴
사랑아 너 갈 때 부디
울지 말고 가거라

손님처럼 왔으니 그저
손님처럼 떠나가거라.

다만 그뿐이야

믿어봐 믿어 줘봐 네 자신 안에 있는 너를 네가 먼저 믿어 줘봐
모든 일이 잘 될 거야 좋아질 거야
웃어봐 웃어 줘봐 너 자신 안에 있는 너에게 네가 먼저 웃어 줘봐
모든 일이 잘 될 거야 좋아질 거야
다른 사람들 뭐라든 무슨 상관이야 뭘 어쩌겠다는 거야 도움이 안 돼
너는 너이고 그들은 그들일 뿐이야 상관없어

사랑해봐 사랑해 줘봐 네 자신 안에 있는 너를 네가 먼저 사랑해 줘봐
모든 일이 잘 될 거야 좋아질 거야
그게 답이야 그것이 옳은 거야 그뿐이야
오늘은 날이 맑고 바람 불어
멀리 떠나고 싶은 날
멀리 사는 얼굴 모르는 사람조차 보고 싶은 날 그리운 날
다만 그뿐이야.

꽃 • 3

예쁘다는 말을
가볍게 삼켰다

안쓰럽다는 말을
꿀꺽 삼켰다

사랑한다는 말을
어렵게 삼켰다

섭섭하다, 안타깝다,
답답하다는 말을 또 여러 번
목구멍으로 넘겼다

그리고서 그는 스스로 꽃이 되기로 작정했다.

꽃 • 2

다시 한 번만 사랑하고
다시 한 번만 죄를 짓고
다시 한 번만 용서를 받자

그래서 봄이다.

황홀극치

황홀, 눈부심
좋아서 어쩔 줄 몰라 함
좋아서 까무러칠 것 같음
어쨌든 좋아서 죽겠음

해 뜨는 것이 황홀이고
해 지는 것이 황홀이고
새 우는 것 꽃 피는 것 황홀이고
강물이 꼬리를 흔들며 바다에
이르는 것 황홀이다

그렇지, 무엇보다
바다 울렁임, 일파만파, 그곳의 노을,
빠져 죽어버리고 싶은 충동이 황홀이다

아니다, 내 앞에
웃고 있는 네가 황홀, 황홀의 극치다.

도대체 너는 어디서 온 거냐?
어떻게 온 거냐?
왜 온 거냐?
천 년 전 약속이나 이루려는 듯.

너는 바보다

꽃을 사랑한다고 말하면서
꽃을 꺾지 마라
꽃을 밟지 마라
모든 사랑에는 금기가 있다

강물을 좋아한다 말하면서
강물에 돌 던지지 마라
쓰레기 버리지 마라
모든 사랑에는 철조망이 있다

장미꽃을 살그머니 흔들고만 가는
산들바람을 보아라
제 몸을 송두리째 담그고서도
강물에 상처내지 않는 나무를 보아라

저것이 사랑의 원본
아직도 그걸 몰랐다면
너는 바보다.

그 말

보고 싶었다
많이 생각이 났다

그러면서도 끝까지
남겨두는 말은
사랑한다
너를 사랑한다

입속에 남아서 그 말
꽃이 되고
향기가 되고
노래가 되기를 바란다.

별

너무 일찍 왔거나 너무 늦게 왔거나
둘 중에 하나다
너무 빨리 떠났거나 너무 오래 남았거나
또 그 둘 중에 하나다

누군가 서둘러 떠나간 뒤
오래 남아 빛나는 반짝임이다

손이 시려 손조차 맞잡아 줄 수가 없는
애달픔
너무 멀다 너무 짧다
아무리 손을 뻗쳐도 잡히지 않는다

오래오래 살면서 부디 나
잊지 말아다오.

날마다 기도

간구의 첫 번째 사람은 너이고
참회의 첫 번째 이름 또한 너이다.

혼자 있는 날

아침에도 너를 생각하고
저녁에도 너를 생각하고
한낮에도 너를 생각한다

보이는 것마다 너의 모습
들리는 것마다 너의 목소리

너, 지금
어디 있느냐?

떠난 자리

나 떠난 자리
너 혼자 남아
오래 울고 있을 것만 같아
나 쉽게 떠나지 못한다, 여기

너 떠난 자리
나 혼자 남아
오래 울고 있을 것 생각하여
너도 울먹이고 있는 거냐? 거기.

살아갈 이유

너를 생각하면 화들짝
잠에서 깨어난다
힘이 솟는다

너를 생각하면 세상 살
용기가 생기고
하늘이 더욱 파랗게 보인다

너의 얼굴을 떠올리면
나의 가슴은 따뜻해지고
너의 목소리 떠올리면
나의 가슴은 즐거워진다

그래, 눈 한번 질끈 감고
하나님께 죄 한 번 짓자!
이것이 이 봄에 또 살아갈 이유다.

너도 그러냐

나는 너 때문에 산다

밥을 먹어도
얼른 밥 먹고 너를 만나러 가야지
그러고
잠을 자도
얼른 날이 새어 너를 만나러 가야지
그런다

네가 곁에 있을 때는 왜
이리 시간이 빨리 가나 안타깝고
네가 없을 때는 왜
이리 시간이 더딘가 다시 안타깝다

멀리 길을 떠나도 너를 생각하며 떠나고
돌아올 때도 너를 생각하며 돌아온다
오늘도 나의 하루해는 너 때문에 떴다가
너 때문에 지는 해이다

너도 나처럼 그러냐?

하나님께

또다시 한 사람
남몰래 숨겨 놓고 생각함을
용서해주십시오

여러 번 되풀이 드리는 말씀이지만
그는 제 마음의 등불입니다
그는 제 마음의 꽃입니다
그가 없으면 하루 한 시간도
견디기 어렵습니다
숨 쉬는 것조차 힘듭니다
그러니 어쩝니까?

그 같은 한 사람
저에게 허락하심을
감사합니다.

비밀일기

하나님 딱 한 번만 눈감아 주십시오

햇빛 밝은 세상에 숨 쉬고 있는 동안
이 조그만 여자 하나
가슴에 품고 살아가는 죄 하나만
용서하십시오

키가 작은 여자
눈이 작은 여자
꿈조차 작은 여자

잠시만 이 여자 사랑하다 감을 용서하소서.

지상천국

기필코 이 세상에서
천국을 보리라! 골똘히 생각하고 있을 때
네가 내 앞에 와서
웃어 주었다

그러나 그것이 끝내
또 다른 지옥인 줄을
나는 미처 알지 못한다.

하나님만 아시는 일

사랑하는 사람 있지만
이름을 밝힐 수 없어요

이름을 밝히면 벌써
그 마음 변하기 때문이지요

혼자서도 떠오르는 얼굴 있지만
얼굴을 알려줄 수 없어요

얼굴을 알려주면 벌써
그 마음 사라지기 때문이지요

그것은 오직
하나님만 아시는 일이에요.

말은 그렇게 한다

너 떠난 뒤
너 없이 나
어떻게 살 것인지
모르지만

나 떠난 뒤
나 없이도 너
잘 살아라
씩씩하게 살아라

아침에 새로 피는
꽃처럼
한낮에 하늘 나는
새처럼

말은 그렇게 한다.

웃기만 한다

하나님은 나를 사랑하시고

하나님이 사랑하시는 나는
너를 사랑한다

내가 사랑하는 너는
누구를 사랑하느냐?

너는 웃기만 한다.

화살기도

아직도 남아있는 아름다운 일들을
이루게 하여 주소서
아직도 만나야할 좋은 사람들을
만나게 하여 주소서
아멘이라고 말할 때
네 얼굴이 떠올랐다
퍼뜩 놀라 그만 나는
눈을 뜨고 말았다.

바로 말해요

바로 말해요 망설이지 말아요
내일 아침이 아니에요 지금이에요
바로 말해요 시간이 없어요

사랑한다고 말해요
좋았다고 말해요
보고 싶었다고 말해요

해가 지려고 해요 꽃이 지려고 해요
바람이 불고 있어요 새가 울어요
지금이에요 눈치 보지 말아요

사랑한다고 말해요
좋았다고 말해요
그리웠다고 말해요

참지 말아요 우물쭈물하지 말아요
내일에는 꽃이 없어요 지금이에요
있더라도 그 꽃은 아니에요

사랑한다고 말해요
좋았다고 말해요
당신이 오늘은 꽃이에요.

2부

모란꽃 같은

전화선을 타고

전화선을 타고
쌀 씻는 소리
설거지하는 달그락 소리

아, 오늘도 잘 사셨군요

전화선을 타고
텔레비전 소리
나직하게 들리는 음악소리

아, 오늘도 잘 쉬고 계시는군요

고맙습니다.

선물 • 3

급하게 몇 가지 가지고 나왔습니다
당신 가신다기에 멀리 떠나신다기에
준비 없이 허둥지둥 몇 가지 들고 나왔습니다

책장에서 아끼던 옛날 책 몇 권 빼내고
오래 전부터 간직했던 만년필 한 자루 꺼내고
시간 날 때마다 당신 붓글씨 쓰고 싶다기에
화방에 가 벼루와 먹, 그리고 붓과 화선지
얼만큼 사 가지고 와 손 내밉니다

그러나 정작 당신에게 드리고 싶은 것
눈에 보이는 그 어떤 물건이 아니라
눈에 보이지 않는 내 마음이라는 것을
당신도 이미 아시는 일입니다

이것들 드리면서 울먹이는 나를 향해
당신 눈가에 보일듯 말듯 이슬을 만들어내시는군요
그 이슬 나에겐 또 그 어떠한 선물보다
귀하고 값진 선물임을 나는 압니다.

가슴이 콱 막힐 때

 가슴이 콱 막힐 때 있습니다. 답답해서 숨을 못 쉴 것만 같을 때 있습니다. 내 마음속에 당신이 너무 크게 자리 잡고 있는 탓으롭니다. 그렇게는 살지 못하지요. 잠시만 당신을 마음 밖으로 나가 살게 할까 합니다.

 소나무, 버즘나무, 오동나무, 줄지어 선 뜨락의 한 구석, 당신을 한 그루 감나무로 세워두려고 그립니다. 매미 소리 햇빛처럼 따갑게 쏟아지는 한여름을 그렇게 벌받고 서 계신다면 분명 당신의 가지에 열린 감알들도 조금씩 가슴이 자라서 안으로 단물이 들어가겠지요.

 어렵사리 우리의 첫 번째 가을이 찾아오는 날. 우리는 붉게 익은 감알들을 올려다보며 감나무 아래 오래도록 서 있어도 좋겠습니다. 서로의 가슴속에 붉고 탐스럽게 익은 감알들을 훔쳐보며 어린아이들처럼 철없는 웃음을 입술 가득 베어 물어도 좋을 것입니다.

산수유꽃 진 자리

사랑한다, 나는 사랑을 가졌다
누구에겐가 말해주긴 해야 했는데
마음 놓고 말해줄 사람 없어
산수유꽃 옆에 와 무심히 중얼거린 소리
노랗게 핀 산수유꽃이 외워두었다가
따사로운 햇빛한테 들려주고
놀러온 산새에게 들려주고
시냇물 소리한테까지 들려주어
사랑한다, 나는 사랑을 가졌다
차마 이름까진 말해줄 수 없어 이름만 빼고
알려준 나의 말
여름 한 철 시냇물이 줄창 외우며 흘러가더니
이제 가을도 저물어 시냇물 소리도 입을 다물고
다만 산수유꽃 진 자리 산수유 열매들만
내리는 눈발 속에 더욱 예쁘고 붉습니다.

그리운 산청

눈 감아도 보이는 듯 그리운 산청山清
그리운 사람 보고픈 사람 거기 살기에
산빛도 그리움에 물이 들어서
강물도 보고픈 마음 서로 닮아서
멀리서도 가까운 듯 가까워도 멀은 듯
보고파라 보고파라 그리운 산청

귀막아도 들리는 듯 그리운 산청
어여쁜 사람 고운 사람 숨결 받아서
새소리 물소리도 속살거리며
햇빛에 자글자글 반짝이겠다
혼자서도 둘이런 듯 둘이서도 혼자런 듯
그리워라 그리워라 가고픈 산청.

오늘도 그대는 멀리 있다

전화 걸면 날마다
어디 있냐고 무엇하냐고
누구와 있냐고 또 별일 없냐고
밥은 거르지 않았는지 잠은 설치지 않았는지
묻고 또 묻는다

하기는 아침에 일어나
햇빛이 부신 걸로 보아
밤사이 별일 없긴 없었는가 보다

오늘도 그대는 멀리 있다

이제 지구 전체가 그대 몸이고 맘이다.

공항

하루 한나절 헤어져 살아도
잘 가라고 다시 곧 만나자고
뒤돌아보고 손 흔들고 눈 맞추고 그러기 마련인데
그렇게 매몰차게 잡은 손 놓고 돌아서고 말다니
뒤돌아서 다시는 웃는 얼굴조차 보여주지 않다니, 멀어지다니
끝내는 덜커덕 문까지 닫히고 말아
캄캄해진 눈 팍 꺾인 무릎
둘이 왔던 길 어찌 혼자서 돌아갈 수 있었으랴
하늘까지 어둔 하늘
별조차 사라진 하늘 그 아래
나 못 간다, 못 잊는다.

오늘의 약속

덩치 큰 이야기, 무거운 이야기는 하지 않기로 해요
조그만 이야기, 가벼운 이야기만 하기로 해요
아침에 일어나 낯선 새 한 마리가 날아가는 것을 보았다든지
길을 가다 담장 너머 아이들 떠들며 노는 소리가 들려 잠시 발을 멈췄다든지
매미 소리가 하늘 속으로 강물을 만들며 흘러가는 것을 문득 느꼈다든지
그런 이야기들만 하기로 해요

남의 이야기, 세상 이야기는 하지 않기로 해요
우리들의 이야기, 서로의 이야기만 하기로 해요
지나간 밤 쉽게 잠이 오지 않아 애를 먹었다든지
하루 종일 보고픈 마음이 떠나지 않아 가슴이 뻐근했다든지
모처럼 개인 밤하늘 사이로 별 하나 찾아내어 숨겨놓은 소원을 빌었다든지
그런 이야기들만 하기로 해요

실은 우리들 이야기만 하기에도 시간이 많지 않은 걸 우리는 잘 알아요
그래요, 우리 멀리 떨어져 살면서도
오래 헤어져 살면서도 스스로
행복해지기로 해요
그게 오늘의 약속이에요.

선물 • 2

나에게 이 세상은 하루하루가 선물입니다
아침에 일어나 만나는 밝은 햇빛이며 새소리,
맑은 바람이 우선 선물입니다

문득 푸르른 산 하나 마주했다면 그것도 선물이고
서럽게 서럽게 뱀 꼬리를 흔들며 사라지는
강물을 보았다면 그 또한 선물입니다

한낮의 햇살 받아 손바닥 뒤집는
잎사귀 넓은 키 큰 나무들도 선물이고
길 가다 발밑에 깔린 이름 없어 가여운
풀꽃들 하나하나도 선물입니다

무엇보다도 먼저 이 지구가 나에게 가장 큰 선물이고
지구에 와서 만난 당신,
당신이 우선적으로 가장 좋으신 선물입니다

저녁 하늘에 붉은 노을이 번진다 해도 부디
마음 아파하거나 너무 섭하게 생각지 마서요
나도 또한 이제는 당신에게
좋은 선물이었으면 합니다.

꽃씨

맨드라미 저 붉고도 징그러운
9월, 꽃몽두리 위에
당신 보고 싶어하는 마음을 꺼내어
살그머니 얹어놓습니다

바람도 지나가다 기웃거리고
잠자리, 이제 머잖아
잠자러 갈 고추잠자리도 지친 다리
잠시 쉬었다 가곤합니다

장꽝, 그 옆에 반나마 일찍 무너진 감나무
감나무에 역시 붉은 감알
당신 보고 싶어하는 나의
마음이라 해 둡니다.

맨드라미 씨와 함께 나의 마음
까맣게 익으면 잘 거두어두었다가
돌아오는 봄 다시 땅 속에
잘 묻어줄까 그러합니다.

오늘은 이렇게 사랑을 잃었다 하자

고개 숙이니 발 밑에 시들은 구절초
어느새 빠른 물살로 흘러가고 만 가을

눈감고 산 며칠 사이 세상은 저만치
낯선 눈빛으로 건너다보는데

잘못 살았구나 참말로 잘못 살았구나
바람은 또 나의 목을 스쳐가는데

나는 무슨 까닭으로 또 어린아이처럼 투정하며
땅바닥에 주저앉아 두 발 뻗고 울고만 싶은 거냐?

무슨 소망으로 또 나는 다가오는 시린
겨울 강물을 무사히 건널 것이냐?

탁탁, 소리내어 잎눈 틔운 적 없는 나무의 밑둥
오늘은 우선 이렇게 사랑을 잃었다 하자.

가슴에 남아 보석입니다

편지를 써야지, 써야지
생각만으로 며칠을 살았습니다
전화라도 한 번 걸어야지
걸어야지 하면서 또 며칠을 견뎠습니다

바람은 오늘도 목덜미에 낯설고
햇살은 더욱 서글픈 눈을 뜨기 시작하고
낮 시간은 날마다 짧아갑니다
우리가 맞이할 날들도 그러할 것이 분명합니다

당신과 헤어져 살고 있는 동안
아름답게 살자던 그
약속만은 잊지 않았습니다
오랜 날에 이루었던 빛 바랜
약속만은 아직도 가슴에 남아 보석입니다.

떠나는 사람에게

그거 알아요?

고무풍선 줄을 잡고 있던 아이가
풍선 줄을 놓는 바람에
하늘 높이 떠올라 어디론가
떠가는 고무풍선의 불안한 자유

그거 알아요?

누군가 만나긴 만나야지 생각하면서
집을 나서긴 나섰는데
만날 사람도 가야 할 곳도
마뜩하게 떠오르지 않을 때의 막막한 발길

가더라도 마음만은 조금
남겨두고 가기예요
아니, 이쪽의 마음이라도 조금
데리고 가기예요.

사무쳐요

안 그래야지, 그러다가도 눈물이 나요
좋은 음악 듣다가도 울컥해지고
고마리, 여뀌풀, 시드는 가을 풀꽃들
저것들이 내 꼴이지 싶어 안쓰러워요

더구나 당신 어여쁘다
손가락질했던 보라색 풀꽃들
이름 몰라 그냥 꿀풀꽃이라고만 대답해줬던
꽃향유란 이름의 어여쁜 가을 풀꽃들

골짜기에 지천으로 피어나 모조리
나보고 아는 체 하니 가슴이 사무쳐요
당신의 보랏빛 미소를 닮은 것 같아
나 혼자 보기 차마 가슴이 미어져요.

다시없는 부탁

부디 앓지 말고 더는
늙지 않기를 바래요

욕심이야 하루하루
버리며 사는 게 좋다지만
희망까지 버려서는
안 될 일이겠지요

이것이 다시없는
부탁이에요.

끝내 하지 못한 말

어제 한 말을 오늘 또다시 되풀이합니다
그제도 한 말을 오늘 또다시 되풀이합니다

잘 지내고 있느냐고
별일 없느냐고
밥 잘 먹고 잠 잘 자고 친구들이랑 웃으며
마음 편하게 잘 지내고 있느냐고

그러나 마음속에 숨겨두고 끝내 하지 못한 말
그것은 당신도 이미 잘 알고 있는 말 한 마디입니다
오늘도 끝내 하지 못하고 내일도 하지 못하는
말 한 마디입니다

끝내 하지 못한 말 한 마디
당신 가슴에 꽃이 되어 피어나고
내 가슴에 별이 되어 반짝입니다.

3부

연꽃과 같은

그런 사람으로

그 사람 하나가
세상의 전부일 때 있었습니다

그 사람 하나로 세상이 가득하고
세상이 따뜻하고

그 사람 하나로
세상이 빛나던 때 있었습니다

그 사람 하나로 비바람 거센 날도
겁나지 않던 때 있었습니다

나도 때로 그에게 그런 사람으로
기억되고 싶습니다.

나의 사랑은 가짜였다

말로는 그랬다
사랑은 지는 것이라고
지고서도 마음 편한 것이라고

그러나 정말로 지고서도
편안한 마음이 있었을까?

말로는 그랬다
사랑은 버리는 것이라고
버리고서도 행복해하는 마음이라고

그러나 정말 버리고서도
행복한 마음이 있었을까?

멀리서 빈다

어딘가 내가 모르는 곳에
보이지 않는 꽃처럼 웃고 있는
너 한 사람으로 하여 세상은
다시 한 번 눈부신 아침이 되고

어딘가 네가 모르는 곳에
보이지 않는 풀잎처럼 숨 쉬고 있는
나 한 사람으로 하여 세상은
다시 한 번 고요한 저녁이 온다

가을이다, 부디 아프지 마라.

선물 • 1

하늘 아래 내가 받은
가장 커다란 선물은
오늘입니다

오늘 받은 선물 가운데서도
가장 아름다운 선물은
당신입니다

당신 나지막한 목소리와
웃는 얼굴, 콧노래 한 구절이면
한 아름 바다를 안은 듯한 기쁨이겠습니다.

기쁨

난초 화분의 휘어진
이파리 하나가
허공에 몸을 기댄다

허공도 따라서 휘어지면서
난초 이파리를 살그머니
보듬어 안는다

그들 사이에 사람인 내가 모르는
잔잔한 기쁨의
강물이 흐른다.

시

마당을 쓸었습니다
지구 한 모퉁이가 깨끗해졌습니다

꽃 한 송이 피었습니다
지구 한 모퉁이가 아름다워졌습니다

마음속에 시 하나 싹텄습니다
지구 한 모퉁이가 밝아졌습니다

나는 지금 그대를 사랑합니다
지구 한 모퉁이가 더욱 깨끗해지고
아름다워졌습니다.

11월

돌아가기엔 이미 너무 많이 와버렸고
버리기에는 차마 아까운 시간입니다

어디선가 서리 맞은 어린 장미 한 송이
피를 문 입술로 이쪽을 보고 있을 것만 같습니다

낮이 조금 더 짧아졌습니다
더욱 그대를 사랑해야 하겠습니다.

사랑

사랑할까봐 겁나요, 당신
언젠가 당신 미워할지도 모르고
헤어질지도 몰라서지요

미워할까 겁나요, 당신
미워하는 마음 옹이가 되어 내가
나를 더 미워할 것만 같아서지요

이제는 당신 사랑하지 않는 것이
나의 사랑이어요.

뒷모습

뒷모습이 어여쁜
사람이 참으로
아름다운 사람이다

자기의 눈으로는 결코
확인이 되지 않는 뒷모습
오로지 타인에게로만 열린
또 하나의 표정

뒷모습은
고칠 수 없다
거짓말을 할 줄 모른다

물소리에게도 뒷모습이 있을까?
시드는 노루발풀꽃, 솔바람 소리,
찌르레기 울음소리에게도
뒷모습은 있을까?

저기 저

가문비나무 윤노리나무 사이

산길을 내려가는

야윈 슬픔의 어깨가

희고도 푸르다.

꽃 피우는 나무

좋은 경치 보았을 때
저 경치 못 보고 죽었다면
어찌했을까 걱정했고

좋은 음악 들었을 때
저 음악 못 듣고 세상 떴다면
어찌했을까 생각했지요

당신, 내게는 참 좋은 사람
만나지 못하고 이 세상 흘러갔다면
그 안타까움 어찌했을까요……

당신 앞에서는
나도 온몸이 근지러워
꽃 피우는 나무

지금 내 앞에 당신 마주 있고
당신과 나 사이 가득
음악의 강물이 일렁입니다

당신 등뒤로 썰렁한
잡목 숲도 이런 때는 참
아름다운 그림 나라입니다.

점

얼굴이 하얀 여자는
자기 얼굴에 난
까만 점이 부끄러웠다
그러나 남자는 그 점이
사랑스러웠다
여자의 부끄러워하는 마음과
남자의 사랑하는 마음이
그 여자의 까만 점 안에서 만나
더욱 빛나고 단단한
또 하나의 점을 이룩했다.

눈 오는 날 이 조그만 찻집

― 별곡집 • 35

눈 오는 날 이 조그만 찻집
따뜻한 난로 가에서 다시 만납시다
언제쯤 지켜질지 모르지만, 그 언약
언제쯤 잊혀질지 모르지만, 그 언약.

일락산 푸른 푸른 소나무

– 변방 • 67

일락산 푸른
푸른 소나무
눈이 와
눈꽃 피어나면

우리는 둘이서
마주 보며 웃다가
두 눈에 눈물
맺기도 했었네.

일락산 상수리
상수리나무
까치 산까치
짝 지어 와 울면

우리들 두 마음
손을 잡고 푸른 하늘에
눈꽃 되어 피어
오르기도 했었네.

선생님 저 왔다가 그냥 갑니다
― 구름이여 꿈꾸는 구름이여 • 58

선생님
저 왔다가
그냥 갑니다.

실은 나도 네가
한 번쯤 들러주었으면 했었는데
그러면서도 자리를 비웠었는데

나 없을 때 와서
빈 자리를 지키다 가면서
적어 놓은 쪽지,

선생님,
저 왔다가 못 뵙고
그냥 갑니다.

내 책상 위에

− 구름이여 꿈꾸는 구름이여 • 59

내 책상 위에
네가 가져다 놓은 화분은
청카나리아,
꽃이 없이 오글오글
새파란 이파리만 예쁜 푸새.

더 자라면 척척 화분 옆으로
줄기가 늘어진다고 그런다.
예쁘게 키워 보라는 것이
화분과 함께 놓고 간
너의 말이다.

지루한 시간
답답한 시간 나는
네가 가져다 놓은 화분에
조심스레 물을 부어 주기도 하고
답답하고 뜨거운 이마로
화분을 이윽히 바라다보곤 한다.

잘 키워 보세요.
예쁘게 자랄 거예요.
네가 화분의 이파리들 사이에서
얼굴을 내밀고 환하게 웃으며
말을 걸어오고 있다.
너의 마음을 이토록 무상으로
받아도 되는 것인지……
나는 그저 이럴 때 빈 마음이
미안스러울 뿐이다.

내가 사랑하는 사람은
― 변방 · 50

내가 좋아하는 사람은
슬퍼할 일을 마땅히 슬퍼하고
괴로워할 일을 마땅히 괴로워하는 사람.

남의 앞에 섰을 때
교만하지 않고
남의 뒤에 섰을 때
비굴하지 않은 사람.

내가 좋아하는 사람은
미워할 것을 마땅히 미워하고
사랑할 것을 마땅히 사랑하는
그저 보통의 사람.

바람에게 묻는다

바람에게 묻는다
지금 그곳에는 여전히
꽃이 피었던가 달이 떴던가

바람에게 듣는다
내 그리운 사람 못 잊을 사람
아직도 나를 기다려
그곳에서 서성이고 있던가

내게 불러줬던 노래
아직도 혼자 부르며
울고 있던가.

4부

제비꽃 같은

오랜 사랑

바위는 부서져 모래가 되는데
사람의 마음은 부서져 무엇이 되나?

밤새워 우는 새
아침 이슬
기와집 처마 끝에 걸린 초승달
더러는 풍경소리

바다는 변하여 뭍이 되는데
우리의 사랑은 변하여 무엇이 되나?

제비꽃

그대 떠난 자리에
나 혼자 남아
쓸쓸한 날
제비꽃이 피었습니다
다른 날보다 더 예쁘게
피었습니다.

추억이 말하게 하라

가늘은
가늘은 길이 있었다고
길가에 오랑캐꽃
보랏빛 꽃 입술이 벌렁거리고 있었다고
줄지어 미루나무
새잎 나는 미루나무 서 있었다고

그리고
그리고 미루나무 위에
지절거리는 새들의 소리
리본처럼 얹혀서 휘날리고 있었다고

말하지 말고
당신이 나서서 말하지 말고 추억이
추억이 말하게 하라

그리고 또
그리고 한 계집애가 있었다고
검고 긴 머리카락
나부끼는 블라우스
맑은 눈빛에 하늘이
파란 하늘빛이 겹쳐서 고여
일렁이고 있었다고

말하지 말고
서둘러 서둘러서 말하지 말고 추억이
차근차근 말하게 하라.

너를 알고 난 다음부터 나는

― 사랑이여 조그만 사랑이여 • 9

너를 알고 난 다음부터 나는
잠을 자도
혼자 잠을 자는 것이 아니라
너와 함께 잠을 자는 것이요,

너를 알고 난 다음부터 나는
길을 걸어도
혼자 걷는 것이 아니라
너와 함께 걷는 것이요,

너를 알고 난 다음부터 나는
달을 보아도
혼자 바라보는 달이 아니라
너와 함께 바라보는 달이다.

너를 알고 난 다음부터 나는
노래를 들어도
혼자 듣는 노래가 아니라
너와 함께 듣는 노래이다.

네 손을 만지기보다는
− 사랑이여 조그만 사랑이여 • 17

네 손을 만지기보다는
네 손을 만지고 싶어하는
내 마음만을 아끼고 싶었다.

네 머리칼을 쓸기보담은
네 머리칼을 쓸어 주고 싶어하는
내 마음만을 더 좋아하고 싶었다.

너를 안아주기보다는
너를 안아주고 싶어하는
내 마음만을 나는 더 가지고 싶었다.

네 입술에 눈빛에 입맞춤하기보다는
네 입술에 눈빛에 입맞춤하고 싶어하는
나의 마음만으로 나는 더 행복해지고 싶었다.

너로 하여 세상이
― 사랑이여 조그만 사랑이여 • 25

너로 하여
세상이 초록빛으로 변했다면
아마 너는 나를
거짓말쟁이라 할 것이다.

너로 하여
세상이 갑자기 신바람나는 세상이 되었다면
역시 너는 나를
거짓말쟁이라 할 것이다.

너를 얻은 뒤부터
세상 전부를 얻은 것 같았다고 말한다면
더더욱 너는 나를
거짓말쟁이라 할 것이다.

너로 하여
나의 세상이 서럽고 외로운 세상이 되었다면
그 또한 너는 나를
거짓말쟁이라 할 것이다.

남몰래 혼자 부르고 싶은 이름을
― 사랑이여 조그만 사랑이여 • 38

남몰래 혼자 부르고 싶은 이름을
가졌다는 것은
황홀하도록 기쁜 일이다.

남몰래 혼자 생각하고픈 사람을
가졌다는 것은
슬프도록 기쁜 일이다.

나 혼자만 생각하다가 잠이 들고
나 혼자만 생각하다가 잠이 깨고픈
사람을 갖는다는 건
행복하도록 외로운 일이다.

나를 산의 나무, 들의 풀이라
불러다오
내 몸의 어디를 건드리든지
푸른 풀물 향그런 나무 내음이
번질 것만 같지 않느냐!

나를 조그만 북이라고
불러다오.
내 몸의 어디를 건드리든지
두둥둥둥 두둥둥둥
북소리가 울릴 것만 같지 않느냐!

너의 총명함을 사랑한다
― 사랑이여 조그만 사랑이여 • 56

너의 총명함을 사랑한다.
너의 젊음을 사랑한다.
너의 아름다움을 사랑한다.
너의 깨끗함을 사랑한다.

너의 꾸밈없음과
꿈 많음을 사랑한다.

너의 이기심도 사랑해 주기로 한다.
너의 경솔함도 사랑해 주기로 한다.
그리고 너의 유약함도 사랑해 주기로 한다.
너의 턱없는 허영과
오만도 사랑하기로 한다.

외롭다고 생각할 때일수록
− 사랑이여 조그만 사랑이여 • 45

외롭다고 생각할 때일수록
혼자이기를,

말하고 싶은 말이 많은 때일수록
말을 삼가기를,

울고 싶은 생각이 깊을수록
울음을 안으로 곱게 삭이기를,

꿈꾸고 꿈꾸노니 −

많은 사람들로부터 빠져나와
키 큰 미루나무 옆에 서 보고
혼자 고개 숙여 산길을 걷게 하소서.

떠나야 할 때를 안다는 것은
― 사랑이여 조그만 사랑이여 • 58

떠나야 할 때를 안다는 것은
슬픈 일이다.
잊어야 할 때를 안다는 것은
슬픈 일이다.
내가 나를 안다는 것은 더욱
슬픈 일이다.

우리는 잠시 세상에
머물다 가는 사람들.
네가 보고 있는 것은
나의 흰구름.
내가 보고 있는 것은
너의 흰구름.

누군가 개구쟁이 화가가 있어
우리를 붓으로 말끔히 지운 뒤
엉뚱한 곳에 다시 말끔히 그려넣어 줄 수는
없는 일일까?

떠나야 할 사람을 떠나보내지 못하는 것은
안타까운 일이다.
잊어야 할 사람을 잊지 못하는 것은
안타까운 일이다.
그러한 나를 내가 안다는 것은 더더욱
안타까운 일이다.

제가 사랑하는 자는
– 사랑이여 조그만 사랑이여 • 60

제가 사랑하는 자는
지극히 아름다우며 귀한 자이오니
그가 가는 길에
저로 하여 덫이 되지 않게 하옵소서.

제가 사랑하는 자가 가는 길은
지극히 빛나며 밝고 아름다운 길이오니
저로 하여 그가 주저하지 말게 하옵소서.

제가 지극히 사랑하는 자가
빛나고 밝은 길, 아름다운 길을 가는 것을
저는 지극히 사랑하는 마음, 축복하는 마음으로
바라보기만 바랄 따름이오니

용납하옵소서.
용납하옵소서.

유난히 키가 큰 비가 내렸다
- 사랑이여 조그만 사랑이여 • 63

유난히 키가 큰 비가 내렸다,
키 작은 그 애를 위하여.

유난히 눈이 하얀 비가 내렸다,
눈이 까만 그 애를 위하여.

산장山莊,
사방이 유리창으로 싸여 있는 집,
유리창으로 담쟁이덩굴이 기웃거리는
집에서.

비가 되었다.
담쟁이덩굴이 되었다.
음악 뒤에 몸과 마음을 숨겼다.

비어 있는 의자,
그 애가 보이지 않아서
갑자기 나는 불안해졌다.

선생님,
뭘 두리번거리시는 거예요?

비 속에서 웃고 있었구나.
담쟁이덩굴 속에서 웃고 있었구나.
음악 속에서 웃고 있었구나.

사뿐,
그 애는 의자에 돌아와 앉는다.

보고 싶다
— 사랑이여 조그만 사랑이여 • 72

보고 싶다.
너를 보고 싶다는 생각이
가슴에 차고 가득 차면 문득
너는 내 앞에 나타나고.
어둠 속에 촛불 켜지듯
너는 내 앞에 나와서 웃고.

보고 싶었다.
너를 보고 싶었다는 말이
입에 차고 가득 차면 문득
너는 나무 아래서 나를 기다린다.
내가 지나는 길목에서
풀잎 되어 햇빛 되어 나를 기다린다.

가보지 못한 골목들을
— 사랑이여 조그만 사랑이여 • 75

가보지 못한 골목들을
그리워하면서 산다.

알지 못한 꽃밭,
꽃밭의 예쁜 꽃들을
꿈꾸면서 산다.

세상 어디엔가
우리가 아직 가보지 못한 골목길과
우리가 아직 알지 못하던 꽃밭이
숨어 있다는 것은
그것만으로도 얼마나
희망적인 일이겠니!

만나지 못했던 사람들을
만나기 위해서 산다.

세상 어디엔가
우리가 아직 만나지 못한 사람들이
살고 있다는 것은
그것만으로도 얼마나
가슴 두근거려지는 일이겠니!

참말로의 사랑은

참말로의 사랑은
그에게 자유를 주는 일입니다
나를 사랑할 수 있는 자유와
나를 미워할 수 있는 자유를 한꺼번에
주는 일입니다
참말로의 사랑은 역시
그에게 자유를 주는 일입니다
나에게 머물 수 있는 자유와
나를 떠날 수 있는 자유를 동시에
따지지 않고 주는 일입니다
바라만 보다가
반쯤만 눈을 뜨고
바라만 보다가.

5부

구절초 같은

그리움

더는 참을 수 없다
이제는 먹을 갈아야지.

아무르

새가 울고
꽃이 몇 번 더 피었다 지고
나의 일생이 기울었다

꽃이 피어나고
새가 몇 번 더 울다 그치고
그녀의 일생도 저물었다

닉네임이 흰구름인 그녀,
그녀는 지금 어느 낯선 하늘을
흐르고 있는 건가?

아무르, 아무르 강변에
꽃잎이 지는 꿈을 자주 꾼다는
그녀의 메일이 왔다

아무르, 아무르 강변에
새들이 우는 꿈을 자주 꾼다고
나도 메일을 보냈다.

때로 사랑은

때로 사랑은 같은 느낌을 갖는다는 것
함께 땀 흘리며 같은 일을 한다는 것
정답게 손을 잡고 길을 걷는다는 것

그것에 더가 아니지

때로 사랑은 서로 말이 없이도
서로의 가슴속 말을 마음의 귀로
알아들을 수 있다는 것

그보다 더 좋은 게 없지.

사랑은 혼자서

사랑은 여럿이가 아니라
혼자서 쓸쓸한 생각
저무는 저녁 해
그리고 깜깜한 어둠

사랑은 둘이서가 아니라
혼자서 푸르른 산맥
흐르는 시내
그리고 풀벌레 울음

사랑은 너와 함께가 아니라
혼자서 이루는 약속
머나먼 내일
그리고 이별과 망각.

소중한 만남을 위하여

옆자리에 있는 것만으로도
나는 따뜻합니다
그대 숨소리만으로도
나는 행복합니다

굳이 이름을 말씀해 주실 것도 없습니다
주소를 알려주실 필요도 없습니다
또한 굳이 나의 이름을
알려하지를 마십시오

주소를 묻지도 마십시오
이름 없이 주소 없이 이냥
곁에 앉아계신 따스함만으로도
그대와 나는 가득합니다

보이지 않는 가슴 울렁임만으로도
우리는 황홀합니다
그리하여 인사 없이 눈짓 없이 헤어지게 됨도
우리에겐 소중한 만남입니다.

사랑하는 마음 내게 있어도

사랑하는 마음
내게 있어도
사랑한다는 말
차마 건네지 못하고 삽니다
사랑한다는 그 말 끝까지
감당할 수 없기 때문

모진 마음
내게 있어도
모진 말
차마 하지 못하고 삽니다
나도 모진 말 남들한테 들으면
오래오래 잊혀지지 않기 때문

외롭고 슬픈 마음
내게 있어도
외롭고 슬프다는 말
차마 하지 못하고 삽니다
외롭고 슬픈 말 남들한테 들으면
나도 덩달아 외롭고 슬퍼지기 때문

사랑하는 마음을 아끼며
삽니다
모진 마음을 달래며
삽니다
될수록 외롭고 슬픈 마음을
숨기며 삽니다.

들길을 걸으며

1
세상에 와 그대를 만난 건
내게 얼마나 행운이었나
그대 생각 내게 머물므로
나의 세상은 빛나는 세상이 됩니다
많고 많은 사람 중에 그대 한 사람
그대 생각 내게 머물므로
나의 세상은 따뜻한 세상이 됩니다.

2

어제도 들길을 걸으며
당신을 생각했습니다
오늘도 들길을 걸으며
당신을 생각했습니다
어제 내 발에 밟힌 풀잎이
오늘 새롭게 일어나
바람에 떨고 있는 걸
나는 봅니다
나도 당신 발에 밟히면서
새로워지는 풀잎이면 합니다
당신 앞에 여리게 떠는
풀잎이면 합니다.

지는 해 좋다

지는 해 좋다
볕바른 창가에 앉은 여자
눈밑에 가늘은 잔주름을 만들며
웃고 있다

이제 서둘지 않으리라
두 손 맞잡고 밤을 새워
울지도 않으리라

그녀 두 눈 속에 내가 있음을
내가 알고
나의 마음속에 그녀가 살고 있음을
그녀가 안다

지는 해 좋다
산그늘이 또다른 산의 아랫도리를
가린다

그늘에 덮이고 남은
산의 정수리가
더욱 환하게 빛난다.

주제넘게도

주제넘게도, 남은 청춘을 생각해 본다
주제넘게도, 남은 사랑을 생각해 본다
촛불은 심지까지 타버리고 나서야 촛불이고
사랑은 단 한 번뿐이라야 사랑이라던데…….

껍질

멀리서 웃고 있는 흰구름을 버린다
그냥 버린다
멀리서 챙이 넓은
여름모자를 쓰고 오는 여자도
버린다
아주아주 버린다
담 밑에 피어 있는
일년초 풀꽃도 버린다
잔인하게 버린다
귀기울여 듣던
물소리 새소리
풀벌레 울음 소리도
버린다
아낌없이 버린다
그리하여 나도 버린다
껍질만 남고자 한다
껍질만 남은
흰구름

껍질만 남은
여름모자를 쓴 여자
껍질만 남은 풀꽃
껍질만 남은
새소리 물소리
풀벌레 소리
그리고 나.

세상에 나와 나는

세상에 나와 나는
아무 것도 내 몫으로
차지하려 하지 않았습니다

꼭 갖고 싶은 것이 있었다면
푸른 하늘빛 한 쪽
바람 한 줌
노을 한 자락

더 욕심을 부린다면
굴러가는 나뭇잎새
하나

세상에 나와 나는
어느 누구도 사랑하는 사람으로
간직해 두고 싶지 않았습니다

꼭 사랑하는 사람이 있었다면
단 한 사람
눈이 맑은 그 사람
가슴속에 맑은 슬픔을 간직한 사람

더 욕심을 부린다면
늙어서 나중에도 부끄럽지 않게
만나고 싶은 한 사람
그대.

비단강

비단강이 비단강임은
많은 강을 돌아보고 나서야
비로소 알겠습디다

그대가 내게 소중한 사람임은
더 많은 사람들을 만나고 나서야
비로소 알겠습디다

백 년을 가는
사람 목숨이 어디 있으며
오십 년을 가는
사람 사랑이 어디 있으랴……

오늘도 나는
강가를 지나며
되뇌어 봅니다.

별후

하오의 녹슨 기적 소리 속
흔들리며 가는
가벼운 어깨
지평 위에 사라지지 않는
사라지지 않는
작은
점
하나
(물빛 스타킹)
(등꽃 보라 무늬)

허튼 청개구리 울음소리
여름 해 길다.
낮달은 희다.

내장산 단풍

내일이면 헤어질 사람과
와서 보시오,

내일이면 잊혀질 사람과
함께 보시오,

왼 산이 통째로 살아서
가쁜 숨 몰아 쉬는 모습을.

다 못 타는 이 여자의
슬픔을…….

구름

옷
고름
푸는 그대
가는 손길같이,
손톱 끝에 떨리는
그대 작은 가슴의 낮달같이,
흐르다 흐르다가
지쳐버린 거,
황진이黃眞伊
하얀
넋.

잡목림 사이

봉지 안 쓴 배들이 익어가는 배밭 너머
쏘내기에 씻겨진 하늘,
흰구름 떼 달려와 비늘을 털고
자작나무, 물푸레나무, 떡갈나무 같은 것들
서둘러 옷 벗고 나서는 곳.

오너라,
니 작은 어깨 움츠러뜨리고
아까부터 문턱에서 성가시게 조르던
아이야.
생채기진 무르팍 맥시풍의 긴 치마로 가리우고
치렁치렁 잡목림 사이
또 하나 새로운 나무가 되어.
또 하나 싱그런 구름이 되어.

우리의 구겨진 약속이 떨어져 있는 거기,
우리의 철없던 눈물의 찌꺼기 스며 있는 거기,
아아, 우리의 달뜨던 숨소리
우리의 가슴 떨리던 기쁨의 나날들
나란히 나란히 팔베개로 누워 죽은 거기로.

숲

비 개인 아침 숲에 들면
가슴을 후벼내는
비의 살내음.
숲의 살내음.

천 갈래 만 갈래 산새들은 비단 색실을 푸오.
햇빛보다 더 밝고 정겨운 그늘에
시냇물은 찌글찌글 벌레들인 양 소색이오.

비 개인 아침 숲에 들면
아, 눈물 비린내. 눈물 비린내.
나를 찾아오다가 어디만큼 너는
다리 아파 주저앉아 울고 있는가.

숲 속에 그 나무 아래

숲 속에 그 나무 아래
우리들의 나뭇잎은 떨어져 있을 것이다.
떨어져 썩고 있을 것이다.
그 날의 그 우리들의 숨소리, 발자국 소리,
익은 알밤이 되어 상수리나무 열매가 되어
썩은 나뭇잎 아래 싹을 틔우고 있을 것이다.

어차피 우리는 이승에서 남남인 걸요.
마음만 마주 뜨는 보름달일 뿐,
손끝 하나 닿을 수 없는
산드랗게 먼 하늘인 걸요.
안돼요 안돼요 안돼요 안돼요
한사코 흐르는 물소리 물소리……
덤불 속으로 기어드는 저기 저 까투리 까투리……

숲 속에 그 나무 아래
우리들의 나뭇잎은
떨어져 쌓여서 썩고 있을 것이다.
새싹을 틔우는 거름이 되고 있을 것이다.
아름다운 우리의 또 다른 여름을
아름다운 우리의 또 다른 가을을 꿈꾸며.
저 혼자서 꿈꾸며.

겨울 흰구름 • 1

아직은 떠나갈 곳이
쬐끔은 남아 있을 듯 싶어,
아직은 떠나온 길목들이
많이는 그립게 생각날 듯 싶어,
초겨울 하늘 구름 바라 섰는 마음.

단발머리 시절엔
나 이담에 죽으면 꼭 흰구름이 되어야지,
낱낱이 그늘 없는 흰구름 되어
어디든 마음껏 떠 다녀야지,
그게 더도 말고 단 하나의 꿈이었어요.
그렇게 흰구름이 좋았던 거예요.

허나, 이제 남의 아내 되어
무릎도 시리고 어깨도 아프다는 그대여.
어찌노?
이렇게 함께 서서 걸어도
그냥 섭섭한 우리는 흰구름인 걸,
그냥 멀기만 한 그대는
안쓰러운 내 처녀, 겨울 흰구름인 걸…….

겨울 흰구름 • 2

구름이래도 흰구름,
겨울의 시누대밭 머리
키 큰 소나무의 키보담도 더 높이 걸리어
해종일 혼자 흐렁흐렁 울다 가는 흰구름.

내가 먼저 만나 달라 편지해 놓고
내 편에서 만나기로 한 곳에 안 나가
기다리다 기다리다 지쳐
돌아갔을 그 사람 모습 아닐까?
내 거짓말에 속아 넘어간
착하디착한 그 사람 마음 아닐까?

구름이래도 흰구름,
겨울 하늘에 혼자 찾아와
발치에 떨어지는 산새 소리나 듣다가
결국은 해 다 저물어
혼자 울며 스러지는 흰구름.

소나무가 그의 어지러운 머리칼 달래어
대숲이 그 뜨거운 가슴을 풀어헤쳐 키우는
속절없는 바람 소리나 듣다가
대추나무 가지 끝에 걸려
속절없이 얼굴 붉힌 내 겨울 흰구름.

겨울 흰구름 • 3

암청색 밤바다 물결 소리 몰아오는
솔바람 소리에
그만 새파랗게 귀뿌리가 얼어서
쬐꼬매진 스물아홉 살,
나의 미세스.

그러나 아직은
이쁜 데가 한 구석은 남아 있기는 있는
그녀 몸에서 스며 나오는
상큼한 풋내음새.
어쩜,
상추와 쑥갓 내음새.

그녀 이마 위에 걸린
서러운 서러운 초승달만
두 채.

봄날에

사람아,
피어오르는 흰구름 앞에 흰구름 바라
가던 길 멈추고 요만큼
눈파리하고 서 있는 이것도 실은
네게로 가는 여러 길목의 한 주막쯤인 셈이요,

철쭉꽃 옆에 멍청히
철쭉꽃 바라 서 있는 이것도 실은
네게로 가는 여러 길 가운데
한 길이 아니겠는가?

마치,
철쭉꽃 눈에 눈물 고이도록
바라보고 있노라면
가슴에 철쭉꽃물이라도 배어 올 듯이,
흰구름 비친 호숫물이라도 하나 고여 올 듯이,

사람아,
내가 너를 두고
꿈꾸는 이거, 눈물겨워하는 이거, 모두는
네게로 가는 여러 방법 가운데
한 방법쯤인 것이다.
숲 속의 한 샛길인 셈인 것이다.

6부

나팔꽃 같은

하오

나를 바라보는 너의 눈은
흰구름 빠져 노니는
두 채의 호수.

옷 벗은 흰구름의 알몸
물에 시리워
더욱 파래진 하늘빛.
길 잃은 바람.

흰구름도 살아서 숨을 쉰다,
뻐꾸기 울음 한나절 곱게 물매미 돈다,
— 미로迷路.

나를 바라보는 너의 눈은
작은 안경알 너머 파닥이는 파닥이는
피래미 피래미 피래미
피래미 떼 잠방대는 호면湖面.
보얗게 찡그려 오는 미간眉間.

비뚤어진 입술 고치려고 꺼내든
동그랗고 쬐끄만 네 손거울.
거기,
잠깐잠깐 어리는
구름 그림자.

유월은

유월은
네 눈동자 안에 내리는 빗방울처럼
화사한 네 목소릴 들려주셔요.

유월은
장미 가지 사이로 내리는 빗방울처럼
화안한 네 웃음 빛깔을 보여 주셔요.

하늘 위엔 흰구름 가슴속엔 무지개
너무 가까이 오지 마셔요.
그만큼 서 계셔도 숨소리가 들리는 걸요.

유월은

네 화려한 레이스 사이로 내다보이는 강변

쓸리는 갈대숲 갈대새 노래 삐릿삐릿……

유월은

네 받쳐든 비닐우산 사이로 빙글빙글 돌아가는 하늘빛

비 개인 하늘빛 속살을 보여 주셔요.

약속

노랑이 만선滿船된 은행나무 뒤에 숨어
너는 기다리고 있었다.
자꾸만 그 쪽으로 가고파 하는 나를
너는 가만히 웃고 있었다.
은빛 날개 파닥이는 바다를 등에 진 채
……
그러나 너는 끝내 거기 없었다.

내가 꿈꾸는 여자

1
내가 꿈꾸는 여자는
발가락이 이쁜 여자.
발뒤꿈치가 이쁜 여자.
발톱이 이쁜 여자.

정말로 내가 꿈꾸는 여자는
발가락에 때가 묻지 않은 여자.
발뒤꿈치에 때가 묻지 않은 여자.
발톱에 때가 묻지 않은 여자.

그리고 감옥 속에 갇혀서
다소곳이 기다릴 줄도 아는 발을 가진
그러한 여자.

2

그녀의 발은 꽃이다.

그녀의 발은 물에서 금방 건져낸 물고기다.

그녀의 발은 풀밭에 이는 바람이다.

그녀의 발은 흰구름이다.

그녀의 발은

내 가슴을 짓이기기 위해서만 존재한다.

그녀의 발 아래서

나의 가슴은 비로소 꽃잎일 수 있다.

그녀의 발 아래서

나의 가슴은 비로소 흰구름일 수 있다.

금방 물에서 건져낸 물고기일 수도 있다.

우물터에서

그 동안 당신이 많이도 잊어먹은 것은
구름을 바라보는 서거픈 눈매.
눈 덮인 골짝에서
부서져 내리는 돌바람의 귀
푸들푸들 깃을 치는 눈의 육체.

그 동안 당신이 많이도 잊어먹은 것은
책 한 권 아무렇게나 손에 들고
저무는 언덕길로 멀어져 가던 뒷모습.
초가집 뒤울안에 곱게 쓸리는 대숲의 그늘.

오시구려, 오시구려,
그렇게 멀리서
억뚝억뚝 바라보며 서 있지만 말고
흰구름이라도 하나 잡아타고
그 동안 많이도 잊어먹은 것들을 가지러
오시구려,
아직도 우물터가 그리운 사람아.

아침

1
밤마다 너는
별이 되어 하늘 끝까지 올라갔다가
밤마다 너는
구름이 되어 어둠에 막혀 되돌아오고

그러다 그러다
그여히
털끝 하나 움쩍 못할 햇무리 안에
갇혀버린 네 눈물자죽만,

보라! 이 아침
땅 위에 꽃밭을 이룬
시퍼런 저승의 입설들.

2

끝없이 찾아 헤매다 지친 자여.

그대의 믿음이 끝내 헛되었음을 알았을 때
그대는 비로소 한 떼의
그대가 버린 눈물과 만나게 되리라.

아직도 귀엽고 사랑스러운
아직은 이루어져야 할
언젠가 버린 그대의 약속들과 만나리라.

자칫 잡았다 놓친
그 날의 그 따스한 악수와
다시 오솔길에 서리라.

달밤

어수룩히 숙어진 무논 바닥에
외딴집 호롱불 깜박이는
산이 내리고

소나기처럼 우는
개구리 울음에
물에 뜬 달이 그만 바스라지다.

달밤.

안개는 피어서 꿈으로 가나,
물에 절은 쌍꺼풀눈
설운 네 손톱을,

한 짝은 어디 두고
홀로이 와서
입안에 집어넣고 자근자근 씹어주고 싶은
네 아랫입술 한 짝을.

눈물 아슴아슴
돌아오는 길.

어디서 아득히 밤뻐꾸기 한 마리
울다말다 저 혼자도 지치다.
나 혼자 이슬에 젖는 어느 밤.

죽림리

하루에도 몇 번씩 찾아가
풀밭에 몸을 눕히곤 하는 날이 많아졌다.

지친 것 없이 지친 마음
바닷가에 나가 게를 잡다 돌아온 바람처럼
차악, 풀밭에 몸을 눕히면
한 마리 풀벌레 울음 속에
자취 없는 목숨
차라리 눈물겨워서 좋다.

내 이제 그대에게
또 무슨 약속을 드리랴!
해가 지니 대숲에
새삼스레 바람이 일 뿐.

초저녁의 시

어실어실 어둠에 묻히는 길을 따라
가긴 가야 한다.
귀또리 소리 아파 쓰러진 풀밭을 밟고
새록새록 살아나는 초저녁 별을 헤이며.

그대 드리운 쌍꺼풀 눈두덩의 그늘 속으로,
아직도 고오운 옷고름의 채색구름 속으로,

어실어실 어둠에 묻혀 쓰러지는
길을 따라
날마다 날마다 가지만
결국은 다 못 가기 마련인 그대에게로
어실어실 어둠에 묻혀 가긴 가야 한다.
어실어실 어둠에 스며 끝내 그대에게만
가기는 가야 한다.

입추

주린 배 꾸부려 줄줄이
동구 밖까지 따라나서는
미루나무들의 저녁에,
다리 오그려 쌔액쌔액 암행하는
겁 많은 일렬 기러기들의 저녁에,
징소리 앞세워
보름달님 데불고 나오시는
당신은 도대체 누구신가.

눈도 코도 모르는
시커먼 하늘의 참대밭 속
찍소리도 못하게
죽지 꺾어 처박아 두었던 보름달님을
둥둥 장고 쳐 우리 앞에 다시 떠올리시는
당신의 저의는 과연 무엇인가.

나날이 영글어가는 달님을 따라
머잖아 텃밭에 대추가 골붉고 밤도 송이 버는 날
눈가에 몰린 핏기조차 씻어버리고
남의 밤나무 밭에 숨어 들어가
바지랑대로 밤을 털어다 소포로 싸서
올해도 우리 서울여자에게 선물해 보내라 하시는 말씀인가,
삭정가지 실어 나르는 까치발가락 끝에
목마른 소식을 전해들으라 하심인가.

꽃 • 1

1
만약 내 편에서 프로포즈라도 한다면
고려해 보겠노라는 여자야,

만약 얼빠진 정신으로
내 그대에게 프로포즈라도 한다면
그 때 그대는
단호히 나의 청을 거절할 수 있어야 한다.
그게 무슨 말이냐고
발끈 화를 내며
절교라도 선언할 수 있어야 한다.

그래야만 그대는 내게 있어
더 오래도록 아픈 꽃일 테니까!

2
너는 왜 내 앞에서
시집 안 오겠다며
눈물 젖은 눈 글썽이는지?

집이 시골이고
직업이 초등학교 선생이라서
내 각시 되지 않겠다면 그만이지,
왜 자꾸 울기만 하는지?

내사 참말 니 맘
모르겠다 모르겠다.

우는 여자
너 그렇게 서러운
내게는 꽃일 줄이야.

칡꽃

1
내 자칫하면
시대 착오자로 낙인찍힐 얘기다만,
군대 막사처럼 황량하고 위태롭게 가려진
길거리의 여자들 알 다리 행렬,
공부삼아 보느라 지친 눈초리, 이젠 거두어
산 속에 와 호젓이 칡꽃이나 바라보기로 한다.

칡꽃 속에 무명옷 입고
흰 버선 신고 여기 사시던 이
고른 숨 고른 웃음 고른 이빨들
모두모두 불러내 앞세우고서
함께 산길이나 거닐어 보기로 한다.
함께 맨 처음의 하늘 아랜 듯
마주 서서 눈이나 맞추어 보기로 한다.

2

참말은 그대

내 앞에서 미친 바다였다가,

내 앞에서 바람난 계집이었다가,

비수같이 푸르른 초승달 하나였다가,

참말은 또 그대

몇 송아리 칡꽃으로 재주를 넘어

열두 번째 내 앞에 나와 섰구나.

열두 번째 내 앞에 웃고 있구나.

나 이래도 몰라보시겠어요?

말하는 듯이 말하는 듯이.

상강

갑자기 눈이 밝아져 귀가 밝아져
마른 풀덤불 속 다리 뻗은 무덤
다시 생각나야 할 때.
따신 햇볕살 익어가는 하이얀 촉루
다시 그리워야 할 때.

그대를 잊어버려 아주 뿌리째 잊어버려
세수하고 난 어느 날 아침
수건으로 코피를 닦으며
그대 생각 다시 새롭게 떠올리기 위하여.

피 먹은 골짜기 너머
미리 띄워둔 몇 송이 조각구름
빨간 등산복이라도 하나 사서 입혀
멀리 떠나보내고,

동산 위 무덤 밖
들국화 같은 것 세워둔 채,
형용사며 부사 따위 벗어둔 채,
명사와 대명사로만 앙상히 누워 있어야 할 때.

열일곱 살 처녀귀신
대추나무 가지에 목을 매달면
우리도 여봐란 듯이
죽어줘야 할 때,
죽어줘야 할 때가 천천히 오느니.

빈손의 노래

1
가을에는 빈 뜨락을
거닐게 하소서.

맨발 벗은 구름 아래
괴벗은* 마음으로
주머니에 손을 찌르고 들길을 돌아와
끝내 빈손이게 하소서.

가을에는 혼자 몸져 앓아누워
담장 너머 성한 사람들 떠드는 소리
귀동냥해 듣게 하소서.

무너져 내린 꽃밭 귀퉁이
아직도 분명 불타고 있을 사르비아꽃 대궁이에
황량히 쌓이고 있을
이국의 햇볕이나
속맘으로 요량해 보게 하소서.

2
들판이 자꾸 남루를
벗기 시작하는데,
나무들이 자꾸 그 부끄러운 곳을
드러내 보이기 시작하는데,

내 그대 위해 예비한 건
동산 위에 밤마다 솟는
저 임자 없는 달님뿐이다.
새로 바른 문풍지에 새어나오는
저 아슴한 불빛 한 초롱뿐이다.

누군가의 어깨가 어둠 속으로 사라져 가는데,
누군가의 발자국이 어둠 속에서 돌아오는데,

이 가을 다 가도록
그대 위해 예비한 건
가늘은 바람 하나에도 살아 소근대는
대숲의 저 작은 노래뿐이다.

아침마다 산에 올라
혼자 듣다 돌아오는
키 큰 소나무
머리칼 젖은 송뢰뿐이다.

3
애당초 아무 것도
바라지 말았어야 했던 걸 모르고
너무 많은 걸 꿈꾸다가
너무 많은 걸 찾아다니다가
아무 것도 찾지 못하고 만
이제 또 가을.

문지방에 풀벌레 소리
다 미쳐 왔으니
염치없는 손으로
어느 들녘에 가을걷이하러 갈까?

허나, 더 늦기 전에
나도 들로 내려
드디어 낭자히 풀벌레 소리 강물 된 옆에
실개천 물소리 되어 따라 흐르다가
허리 부러진 햇살이나
주머니에 가득 담아가지고
한나절 흥얼흥얼 돌아올거나.

오는 길에 그래도
해가 남으면
산에 올라 들국화 몇 송이 꺾어 들고
저승의 바닷비린내 묻어오는
솔바람 소리나 두어 마지기 빌려다가
내 작은 뜨락에
내 작은 노래 시켜볼거나.

* 괴벗은 : '헐렁한, 풀어진 듯한'의 뜻.

5월에

1
찰랑찰랑
애기 손바닥을 흔드는
미루나무 속잎 속에
초집 한 채가 갇혔다.

하이얀 탱자꽃 내음에
초집 한 채가
또 갇혔다.

들머리밭엔
노오란 배추꽃
바람.

햇살 남매 모여 노는
초지붕 그 아랜
작은 나의 방.

2

치렁치렁

보릿고랑에 바람 흘러간다.

내 작은 마음 흘러간다.

길슴한 보리모개 사이로

보얗게 목이 팬 그리움.

부질없이 화사한 고전의 의상.

웃으며 네가 웃으며

나래 저어 올 것만 같은 날에.

머리칼이라도 조금 날릴 것 같은 날에.

3

푸른 언덕이 뱉어놓은 흰구름덩이.

흰구름덩이 속으로 다이빙해 들어가는

새끼 제비의 비행 연습.

네 생각하다 잠들었다, 오후.

문득 시계풀꽃 내음에 흩어지는

나의 꿈.

4
누군지 모를 이 기다리고 있을까 싶어
언덕에 나와 휘파람 불면
눈썹까지 그득히 고여 오는 한낮의 바다
글썽이며 눈물 글썽이며 따라 나서고
금은의 햇살을 실어 나르는 조각배,
바람만 잡아 돌아온다.
바람만 잡아 돌아온다.

5
바람에 머리칼 날리는
자작나무의 귀밑볼은
희다.

바람에 스커트 자락 날리는
자작나무의 속살은
눈부시다.

바람에 풀어헤친
자작나무의 흰 가슴은
날아갈 듯 부풀었다.

배회

1
사랑하는 사람아, 너는 모를 것이다.
이렇게 멀리 떨어진 변방의 둘레를 돌면서
내가 얼마나 너를 생각하고 있는가를.

사랑하는 사람아, 너는 까마득 짐작도 못할 것이다.
겨울 저수지의 외곽길을 돌면서
맑은 물낯에 산을 한 채 비쳐보고
겨울 흰구름 몇 송이 띄워보고
볼우물 곱게 웃음 웃는 너의 얼굴 또한
그 물낯에 비쳐보기도 하다가
이내 싱거워 돌멩이 하나 던져 깨뜨리고 마는
슬픈 나의 장난을.

2
솔바람 소리는 그늘조차 푸른빛이다.
솔바람 소리의 그늘에 들면 옷깃에도
푸른 옥빛 물감이 들 것만 같다.

사랑하는 사람아,
내가 너를 생각하는 마음조차 그만
포로소름 옥빛 물감이 들고 만다면
어찌겠느냐 어찌겠느냐.

솔바람 소리 속에는
자수정 빛 네 눈물 비린내 스며 있다.
솔바람 소리 속에는
비릿한 네 속살 내음새 묻어 있다.

사랑하는 사람아,
내가 너를 사랑하는 이 마음조차 그만
눈물 비린내에 스미고 만다면
어찌겠느냐 어찌겠느냐.

3
나는 지금도 네게로 가고 있다.
마른 갈꽃 내음 한 아름 가슴에 안고
살얼음에 버려진 골목길 저만큼
네모난 창문의 방안에 숨어서
나를 기다리는
빨강 치마 흰 버선 속의 따스한 너의 맨발을 찾아서.
네 열 개 발가락의 잘 다듬어진 발톱들 속으로.

지금도 나는 네게로 가고 있다.
마른 갈꽃송이 꺾어 한 아름 가슴에 안고
처마 밑에 정갈히 내건 한 초롱
네 처녀의 등불을 찾아서.
네 이쁜 배꼽의 한 접시 목마름 속으로
기뻐서 지줄대는 네 실핏줄의 노래들 속으로.

7부

과꽃과 같은

다시 산에 와서

세상에 그 흔한 눈물
세상에 그 많은 이별들을
내 모두 졸업하게 되는 날
산으로 다시 와
정정한 소나무 아래 터를 잡고
둥그런 무덤으로 누워
억새풀이나 기르며
솔바람 소리나 들으며 앉아 있으리.

멧새며 소쩍새 같은 것들이 와서 울어주는 곳,
그들의 애인들꺼정 데불고 와서 지저귀는
햇볕이 천년을 느을 고르게 비추는 곳쯤에 와서
밤마다 내리는 이슬과 서리를 마다하지 않으리.
길길이 쌓이는 장설(壯雪)을 또한 탓하지 않으리.

내 이승에서 빚진 마음들을 모두 갚게 되는 날,
너를 사랑하는 마음까지
백발로 졸업하게 되는 날
갈꽃 핀 등성이 너머
네가 웃으며 내게 온다 해도
하낫도 마음 설레일 것 없고
하낫도 네게 들려줄 얘기 이제 내게 없으니
너를 안다고도
또 모른다고도
숫제 말하지 않으리.

그 세상에 흔한 이별이며 눈물,
그리고 밤마다 오는 불면들을
내 모두 졸업하게 되는 날,
산에 다시 와서
싱그런 나무들 옆에
또 한 그루 나무로 서서
하늘의 천둥이며 번개들을 이웃하여
떼강물로 울음 우는 벌레들의 밤을 싫다하지 않으리.
푸르디푸른 솔바람 소리나 외우고 있으리.

대숲 아래서

1
바람은 구름을 몰고
구름은 생각을 몰고
다시 생각은 대숲을 몰고
대숲 아래 내 마음은 낙엽을 몬다.

2
밤새도록 댓잎에 별빛 어리듯
그슬린 등피에는 네 얼굴이 어리고
밤 깊어 대숲에는 후둑이다 가는 밤 소나기 소리.
그리고도 간간이 사운대다 가는 밤바람 소리.

3
어제는 보고 싶다 편지 쓰고
어젯밤 꿈엔 너를 만나 쓰러져 울었다.
자고 나니 눈두덩엔 메마른 눈물자죽,
문을 여니 산골엔 실비단 안개.

4
모두가 내 것만은 아닌 가을,
해 지는 서녘구름만이 내 차지다.
동구 밖에 떠드는 애들의
소리만이 내 차지다.
또한 동구 밖에서부터 피어오르는
밤안개만이 내 차지다.

하기는 모두가 내 것만은 아닌 것도 아닌
이 가을,
저녁밥 일찍이 먹고
우물가에 산보 나온
달님만이 내 차지다.
물에 빠져 머리칼 헹구는
달님만이 내 차지다.

헤진 사람아

사람아, 헤진 사람아.

너는 아침에 일어나 어지러운 잠 깨어
문을 열고
밤 사이 새로 꽃 핀 꽃밭을
바라보는 나의 잠시.
꽃잎에 고인 이슬방울들.

집없이 헤매던 어둔 골목길에서
문득 멈추어 서서 바라보는
치렁치렁 밤하늘의 별무리 한 두름.
그것에 모은 나의 눈동자.

사람아, 헤진 사람아.

너는 램프를 밝히고
책을 읽다가
문득 등피燈皮에서 만나는 얼굴.
근심스레 숙여진 뽀오얀 이마.
도톰한 귓밥.

사람아, 혜진 사람아.

너와 나와 같은 세상에
같은 하늘을 이고 살아가고 있음만을
감사, 감사하는 나의 이 시간.
네게서 출발해서
숨결 불어오드키 하는
푸르른 바람 한 줄기 속의 이 약속.

겨울 달무리

웃으면 가지런한 옥니가 이쁘던 그대,
웃으면 볼 위에 새암도 생기던 그대,
그대의 손가락에 끼웠던
금가락지 같은 달무리가
오늘은 우리의 이별의 하늘에 솟았다.

그대의 마을에서부터 오는
기러기 발가락들이 찍어놓은
발가락 도장들이 어지러운 하늘ㅅ가
오늘은 눈이라도 오시려나.
천둥호령이라도 나시려나.

울멍울멍 울음을 참던
나의 하늘에
그 때 그대를 시집 보내던 나의 마음이
오늘은 잊혀진 겨울 하늘에
흐릿한 달무리로만 어렸다.
달무리 하나로만 남았다.

초승달

아무리 생각해도
다시는 더 만날 수 없는 너.
빗속에 마주 보며 울 수도 없는 너.

어디 갔다 이제야
너무 늦게 왔니?

흰구름도 사위어지고
나뭇잎도 갈리고
그 신명나던 왕머구리 풍각쟁이들도
다 사라져 가고
마지막으로 눈이 내린 지금,

서슬 푸른 그대의

동저고릿바람

옷고름 그 아래

사향 냄새까지 묻혀 가지고

이쁜 은장돗날만

퍼렇게 베려 가지고

입도 코도 망가진 가시내야

눈썹만 시퍼렇게 길러 가진 가시내야.

봄바다

모락모락 입덧이 났나베.
별로 이쁘진 않았어도
내게는 참 이쁘기만 했던 그녀가
감쪽같이 딴 사내에게 시집 가
기맥힌 솜씨로 첫애기를 배어,
보름달만한 배를 쓸어안고
입덧이 났나베.
잡초 같은 식욕에 군침이 돌아
돌아앉아 자꾸만 신 것이 먹고 싶나베.

깊이 모를 어둠에서 등돌려 돌아오는
빛살을 바라보다가
희디흰 바다의 속살에 눈이 멀어서
그만 눈이 멀어서
자꾸만 헛던지는 헛낚시에
헛걸려 나오는 헛구역질, 헛구역질아.

첫애기를 밴 내 그녀가
항缸만해진 아랫배를 쓸어안고
맨살이 드러난 부끄럼도 잊은 채
어지럼병이 났나베.
착하디착한 황소눈에
번지르르 눈물만 갓돌아서
울컥울컥 드디어 신 것이 먹고 싶나베,
홉살이* 간 내 그녀가.

* 홉살이 : '후살이'의 방언.

가을 서한 • 1

1
끝내 빈 손 들고 돌아온 가을아,
종이 기러기 한 마리 안 날아오는 비인 가을아,
내 마음까지 모두 주어버리고 난 지금
나는 또 그대에게 무엇을 주어야 할까 몰라.

2
새로 국화잎새 따다 수놓아
새로 창호지문 바르고 나면
방안 구석구석까지 밀려들어오는 저승의 햇살.
그것은 가난한 사람들만의 겨울 양식.

3
다시는 더 생각하지 않겠다.
다짐하고 내려오는 등성이에서
돌아보니 타닥타닥 영그는 가을 꽃씨 몇 움큼.
바람 속에 흩어지는 산 너머 기적 소리.

4
가을은 가고
남은 건
바바리코트 자락에 날리는 바람
때 묻은 와이셔츠 깃.

가을은 가고
남은 건
그대 만나러 가는 골목길에서의
내 휘파람 소리.

첫눈 내리는 날에
켜질
그대 창문의 등불빛
한 초롱.

가을 서한 • 2

1
당신도 쉽사리 건져주지 못할 슬픔이라면
해질녘 바닷가에 나와 서 있겠습니다.
금방 등돌리며 이별하는 햇볕들을 만나기 위하여.
그 햇볕들과 두 번째의 이별을 갖기 위하여.

2
눈 한 번 감았다 뜰 때마다
한 겹씩 옷을 벗고 나서는 구름,
멀리 웃고만 계신 당신 옆모습이랄까?
손 안 닿을 만큼 멀리 빛나는 슬픔의 높이.

3
아무의 뜨락에도 들어서 보지 못하고
아무의 들판에서 쉬지도 못하고
기웃기웃 여기 다다랐습니다.
고개 들어 우러르면 하늘, 당신의 이마.

4
호오, 유리창 위에 입김 모으고
그 사람 이름 썼다 이내 지우는
황홀하고도 슬픈 어리석음이여,
혹시 누구 알 이 있을까 몰라…….

진눈깨비

식을 대로 식어버린 그대 입술의
마지막 돌아서던 그 키스에
이승에선 다시 안 볼 사람 앞
맵고 짜던 그 눈총 속에
어쩌면 얌전하디얌전하게
잠들어 있었을지도 모르는 그 진눈깨비 한 마장.

용케도 안 잊어먹고
하늘의 그 어드메 삼수갑산쯤에서
들키지 않게 숨어 있다가
오늘에사 나를 찾아오시는
이 시늉, 이 매질들인가.

누구의 선 귀때기나 울려주려고
누구의 슬픔에 뿌리를 달아주려고
느지막이 이 투정, 이 안달들인가.

그러나 이제는
적셔도 젖지 않을 눈물,
울려도 울지 않을 나의 삼경三更.
서리무지개 서서
줄기줄기 무리져서
이승에선 다시 안 볼 사람 앞
매질하며 달려오시는 그대.
고꾸라지며 맨발 벗고 내게 오시는 그대.

들국화 • 1

1
울지 않는다면서 먼저
눈썹이 젖어

말로는 잊겠다면서 다시
생각이 나서

어찌하여 우리는
헤어지고 생각나는 사람들입니까?

말로는 잊어버리마고
잊어버리마고……

등피
아래서.

2

살다 보면 눈물날 일도

많고 많지만

밤마다 호롱불 밝혀

네 강심江心에 노를 젓는

나는 나룻배.

아침이면

이슬길 풀섶길 돌고 돌아

후미진 곳

너 보고픈 마음에

하얀 꽃송이 하날 피웠나부다.

들국화 • 2

바람 부는 등성이에
혼자 올라서
두고 온 옛날은
생각 말자고,
아주아주 생각 말자고.

갈꽃 핀 등성이에
혼자 올라서
두고 온 옛날은
잊었노라고,
아주아주 잊었노라고.

구름이 헤적이는
하늘을 보며
어느 사이
두 눈에 고이는 눈물.
꽃잎에 젖는 이슬.

진종일

진종일 방안에 갇혀
생각하는 단 한 사람이 있었습니다.

진종일 방안에 갇혀
떠오르는 단 하나의 얼굴이 있었습니다.

밤마다 꿈속에서
만나는 단 하나의 얼굴이 있었습니다.

산에는 낙엽 갈리는 소리
가슴속에는 그대 속삭임 소리.

겨울 연가

한겨울에 하도 심심해
도로 찾아 꺼내 보는
당신의 눈썹 한 켤레.
지난여름 아무리 찾아도 찾을 수 없던 그것들.

움쩍 못하게 얼어붙은
저승의 이빨 사이
저 건너 하늘의 한복판에.

간혹 매운 바람이 걸어놓고 가는
당신의 빛나는 알몸.
아무리 헤쳐도 헤쳐도
보이지 않던 그 속살의 깊이.

숙였던 이마를 들어 보일 때
눈물에 망가진 눈두덩이.
그래서 더욱 당신의 눈썹 검게 보일 때.

도로 찾아 드는
대이파리 잎마다에 부서져
잔잔히 흐느끼는
옷 벗은 당신의 흐느낌 소리.
가만가만 삭아드는 한숨의 소리.

언덕에서

1

저녁때 저녁때
저무는 언덕에 혼자 오르면
절간의 뒤란에 켜지는
한 초롱의 조이등불이 온다.
돌다리 내려 끼울은 석등石燈에 스미는
귀 떨어진 그 물소리,
내게 스민다.
숲의 속살을 탐하다 늦어버린
바람의 늦은 귀가歸家가 온다.

2
아침에 비,
머리칼이 젖고
오후 맑음,
언덕에 올라 앞을 막는 바람 한 줄기.
나무숲에서 새소리 난다.
새소리 끝에 묻어나는 숲의 살내음.
아아, 누구든지 한 사람 만나고 싶다.
누구든지 한 사람 만나고 싶다.

3
오늘은 불타는 그대의 눈
그대의 눈썹.
엷은 풀냄새 나다,
여린 감꽃냄새 나다,
그대 머리칼.

까맣게 잊어먹었던
그대 분홍 손톱에 숨겨진
아직도 하얀 낮달이 한 개.

찾아가다 찾아가다
길 잃고 주저앉은 산골 속
햇볕에 불타는 노오란 산수유꽃길
그대의 눈.

이제사 잠든
대숲바람 소리
그대의 눈썹.